AF255142